David Bouchard, conférencier, auteur et éducateur est un écrivain primé qui a écrit plus de 70 livres en anglais et en français. David est l'un des orateurs publics les plus recherchés au Canada pour son don de la narration. En 2009, il a été nommé membre de l'Ordre du Canada pour sa contribution en tant qu'auteur de livres pour enfants. David est Métis / Ojibway du clan Martin, son nom Ojibway est Zhiibaayaanakwad. Né et élevé en Saskatchewan, David vit maintenant à Victoria, en Colombie-Britannique.

www.davidbouchard.com

Kristy Cameron, est une enseignante et une artiste qui est née et a grandi dans le nord-ouest de l'Ontario. Grandir entourée par la beauté de la nature lui a donné une source inépuisable d'inspiration pour sa peinture. Kristy est une artiste de renom qui a déjà collaboré avec l'écrivain David Bouchard, créant de magnifiques illustrations pour ses livres, y compris les sept enseignements sacrés. Kristy est d'origine métisse et habite encore dans sa ville natale, Atikokan, en Ontario, au Canada.

www.kristycameron.ca

« Pour ma fille Victoria.
Je rêvais que tu grandisses en connaissant ta famille, et mon rêve s'est réalisé. »

L'histoire Rencontre ta famille a été racontée en Gikenim Ginniigi'igoog et exprime la vision du monde et la perspective du peuple ojibwé. Comme chaque langue est unique dans sa façon de présenter l'histoire, la traduction ne correspondra pas mot pour mot.

Gestionnaire de projet : Teddy Anderson
Conceptrice : Eden Sunflower (personnel MWE)
Éditrice : Kaitlyn Stampflee (personnel MWE)

ISBN : 978-1-989122-68-6

Pour plus de renseignements, consultez le www.medicinewheel.education

Financé par le gouvernement du Canada | Funded by the Government of Canada | Canada

Rencontre ta famille

Gikenim Giniigi'igoog

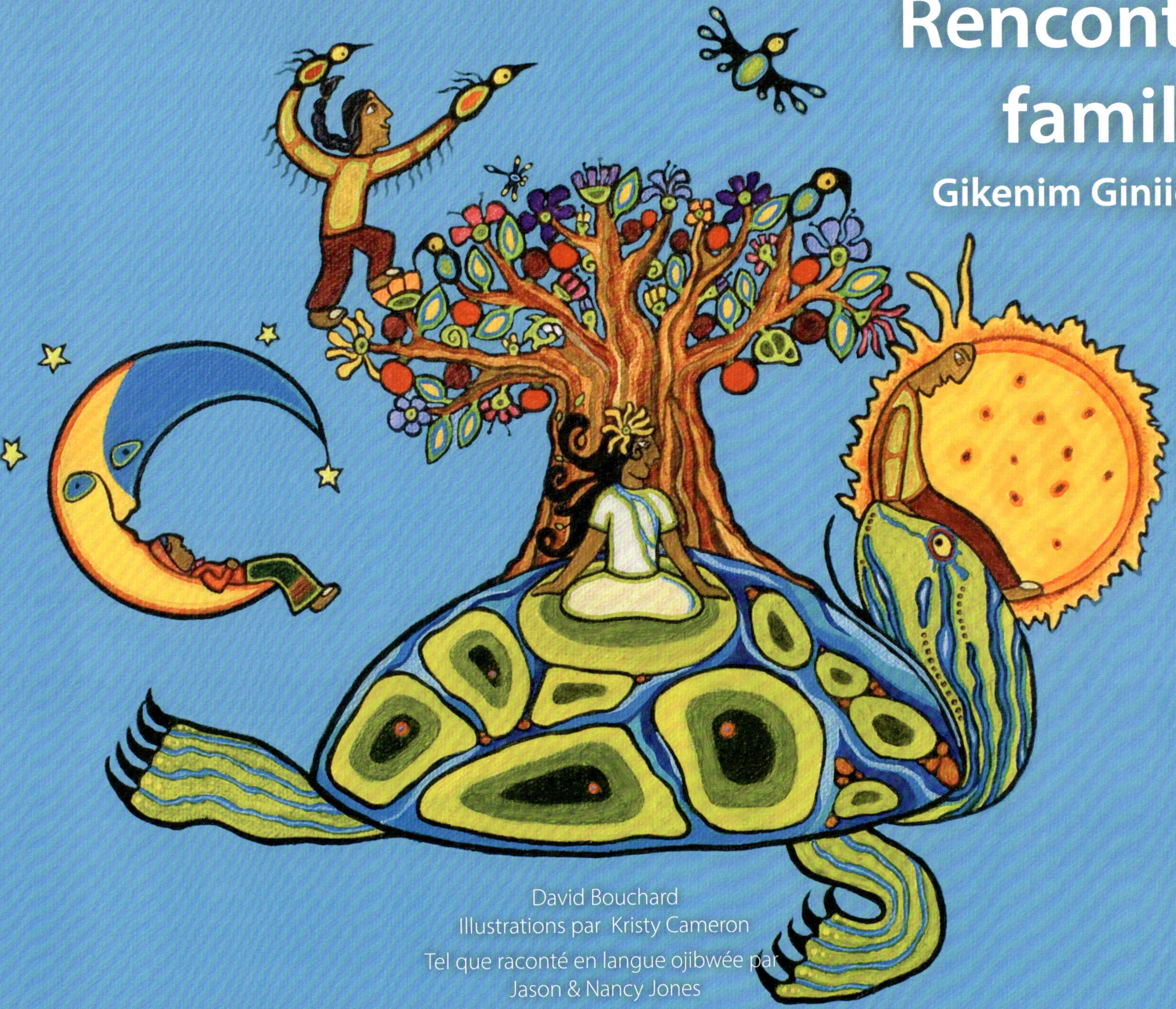

David Bouchard
Illustrations par Kristy Cameron
Tel que raconté en langue ojibwée par
Jason & Nancy Jones

Rencontre ta mère

Gikenim Gimaamaa

On vient chacun d'elle
En fourrure ou en ailes
D'la terre ou des cieux
De la peau ou des œufs

Des feuilles, des épines
Des nageoires ou des cornes
Des doigts et des pouces
D’où on vient, d’où on s’couche

Elle t'aime, te nourrit
Te protège, te fournit
Tes vêtements, ton abri
Depuis l'temps dans ton nid

Ses cheveux – la grande plaine
Les belles feuilles sont les siennes
Les lacs, les montagnes
Les ruisseaux en campagnes

Les arbres - la forêt
La nature au complet
C'est elle, c'est ta mère
J'te présente mère la terre

Rencontre ton père

Gikenim Gidede

L'abeille, c'est le miel
Ton père, c'est le ciel
Là-haut dans les cieux
C'est lui le grand bleu

De ton premier souffle
Jusqu'au jour où tu t'étouffes
La source de lumière
Ça vient de ton père

Regarde là en haut
Immense et si beau
Ton père et le mien
Il nous tient la main

Rencontre ton grand-père

Gikenim Gimishoomis

On apprend comment vivre
Quand guider et quand suivre
Ses enseignements clairs
Toutes ses leçons sont chères

Il réchauffe ta mère
Habilite ton père
Il t'envoie chaque jour
Chaleur dans sa cour

On suit son chemin
On lui sert la main
Nous montre la bonne piste
On voit qu'il existe

De l'est jusqu'au nord
On suit - devient fort
Chacun notre tour
Le but, c'est l'amour

Rencontre ta grand-mère

Gikenim Gookomis

Elle arrive chaque soir
Là-haut dans le noir
Éclaire notre chemin
Le mien et le tien

Elle soigne notre père
Nourrit notre mère
Elle offre renaissance
Une nouvelle naissance

Elles sont là, cachées
Derrière elle, penchées
Les treize comme elle
Grand-mères dans le ciel

Et pour nous aider
Tortue – ses carrés
Ton passé - ton demain
Ton voyage et le mien

Toutes nos relations

Gidiniwemaaganaanig

Levons tous nos têtes
Les quatre pattes – les bêtes
On voit que chacun
Que tous, on est un

La terre est ta mère
Les arbres sont tes frères
Les nageurs eux aussi
Les ours – les souris

Poissons dans les eaux
La pierre – le corbeau
Quatre pattes et serpents
Rampant ou volant

Maintenant les étoiles
Tu peux bien les voir
C'est là ton destin
Le tien et le mien

MEDICINE WHEEL EDUCATION

www.medicinewheel.education

Online Courses Available:

www.classroom.medicinewheel.education

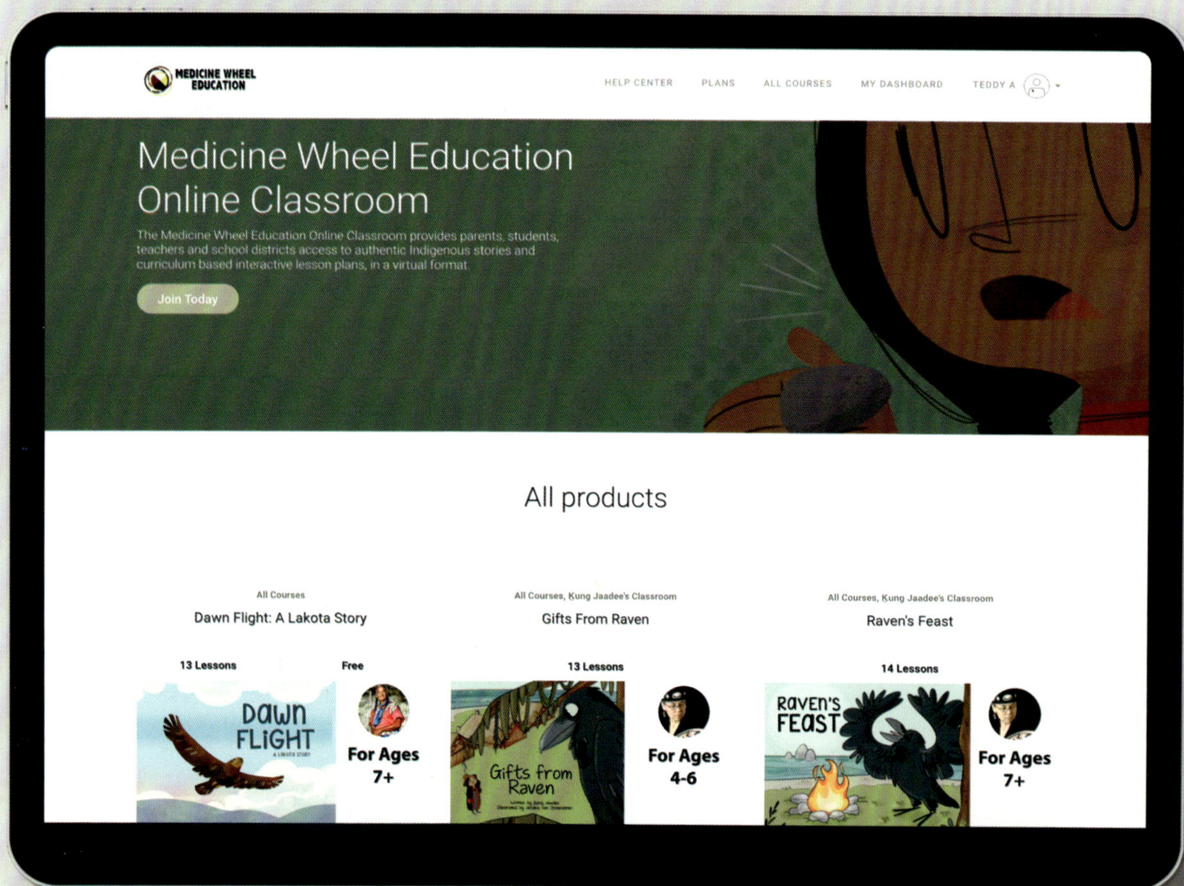

On apprend du soleil
David Bouchard
Illustrations par Kristy Cameron

Meet Your Family
Gikenim Giniigi'igoog
David Bouchard
Paintings by Kristy Cameron
As Told in Ojibwe by:
Jason & Nancy Jones

THIS IS WHAT I'VE BEEN TOLD
MII YI GAA-BI-WIINDMAAGOOYANG

La plume d'aigle

Le caillou de guérison de Trudy

Le Caillou de Trudy

L'histoire du chandail orange
Texte : Phyllis Webstad
Illustrations : Brock Nicol

Le cercle d'aide et de partage
Illustratrice Jessika von Innerebner

Les enseignements du danseur de cerceaux

Le cercle de partage
Theresa "Corky" Larsen-Jonasson
Jessika von Innerebner

L'Envol de l'aube
un récit Lakota
Kevin Locke
Jessika von Innerebner

Les cadeaux du corbeau
Jessika von Innerebner

Le chandail orange de Phyllis

Le festin du corbeau
Kung Jaadee
illustrations Jessika von Innerebner

La Roue Médicinale
La Danse des Cerceaux Racontée
Auteur: Teddy Anderson
Illustratrice: Jessika von Innerebner

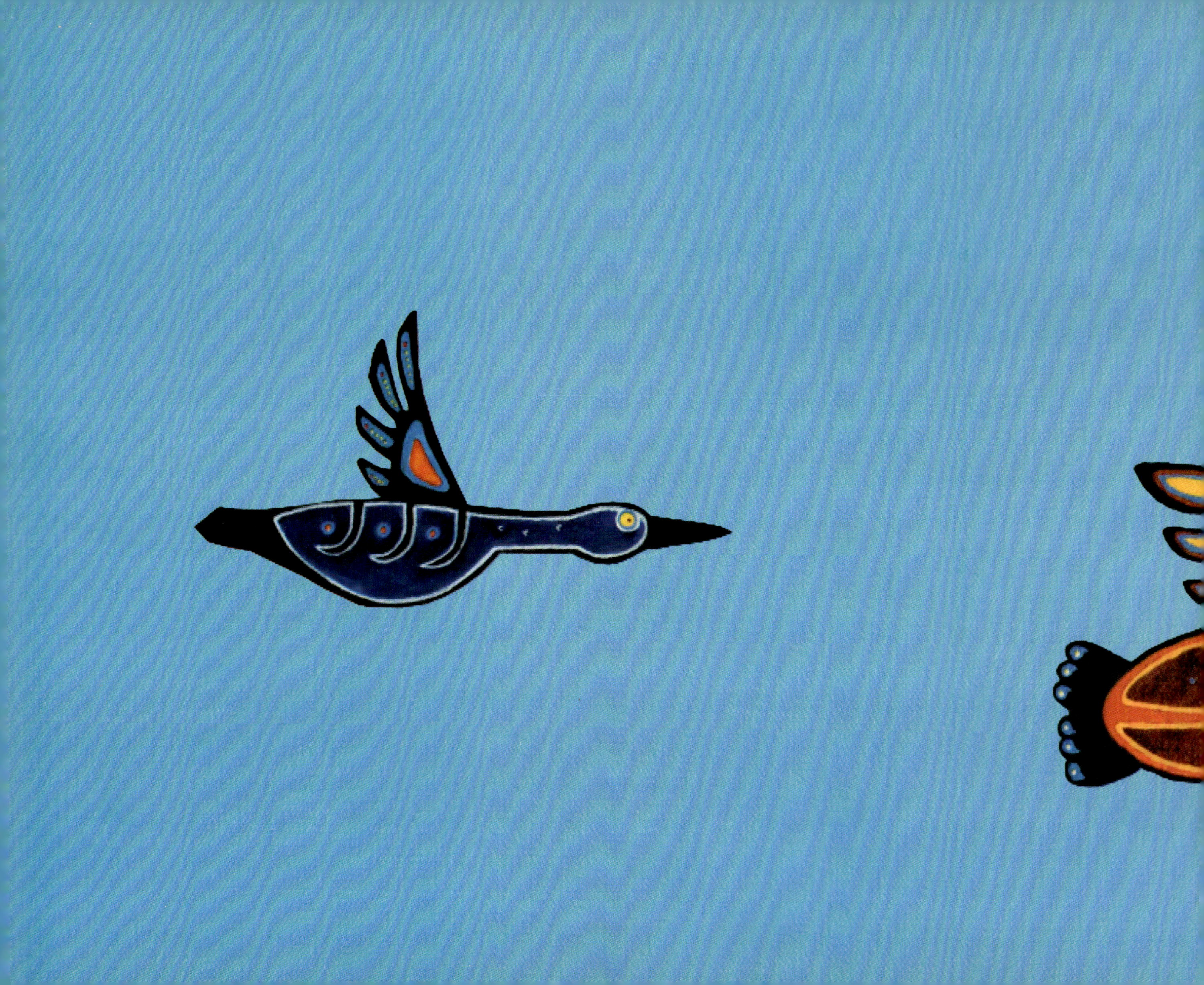